侯雯　牛爱军　○　编著

养生太极拳

人民邮电出版社

北京

图书在版编目（CIP）数据

太极养生杖 / 侯雯，牛爱军编著. -- 北京 ：人民
邮电出版社，2024. -- （国术健身）. -- ISBN 978-7
-115-64746-7

Ⅰ. G852.6

中国国家版本馆 CIP 数据核字第 2024LF4161 号

免 责 声 明

作者和出版商都已尽可能确保本书技术上的准确性以及合理性，并特别声明，不会
承担由于使用本出版物中的材料而遭受的任何损伤所直接或间接产生的与个人或团体相
关的一切责任、损失或风险。

内 容 提 要

太极养生杖是我国的民族传统体育项目，也是深受大众喜爱的健身锻炼项目。

本书从"什么是太极养生杖""为什么练太极养生杖"和"怎么练太极养生杖"三个
角度出发，对太极养生杖的来源、发展和特点进行了介绍，对太极养生杖的健身作用进
行了解析，对太极养生杖的基本功与功法套路的练习方法进行了讲解。

在功法套路的讲解部分，本书不仅通过真人连拍图对动作步骤进行了展示，并对练
习的基本要求、功理作用、呼吸方式和易犯错误进行了讲解。此外，本书免费提供了太
极养生杖的分段演示视频、分段教学视频，以及完整套路跟练视频，旨在帮助读者降低
学习难度，提升练习效果。无论是太极养生杖的学习者，还是教授者，都可从本书中受
益。

◆ 编　　著　侯　雯　牛爱军
　　责任编辑　刘日红
　　责任印制　彭志环

◆ 人民邮电出版社出版发行　　北京市丰台区成寿寺路 11 号
　　邮编　100164　　电子邮件　315@ptpress.com.cn
　　网址　https://www.ptpress.com.cn
　　北京九天鸿程印刷有限责任公司印刷

◆ 开本：700×1000　1/16
　　印张：8　　　　　　　　　　　　2024 年 9 月第 1 版
　　字数：84 千字　　　　　　　　　2024 年 9 月北京第 1 次印刷

定价：39.80 元

读者服务热线：(010)81055296　印装质量热线：(010)81055316
反盗版热线：(010)81055315

广告经营许可证：京东市监广登字 20170147 号

壹·源

什么是太极养生杖

贰·因

为什么练太极养生杖

叁·法

怎么练太极养生杖

壹

一

什么是太极养生杖

源

太极养生杖的来源

在持杖运动中，可将"杖"看作手臂的延长，持杖而动可以更有效地牵拉肢体。太极养生杖作为一种持杖运动，以柔和、缓慢、连贯的圆周运动为主，以"天人合一"为指导思想，以"周而复始"为主要表现形式。习练者两只手握杖，一只手运动，必须随着另一只手的变化配合，两者相牵相系、相辅相成、相依相靠、相承相接，以"杖"为导、引"气"运行，养"神"为先、以"形"相随。在锻炼过程中，杖一方面发挥了使肢体动作与呼吸密切配合的引导作用，另一方面发挥了按摩穴位、经络、脏腑的作用。

"杖"泛指棍棒或棍状物，是人类最早使用的工具之一。使用和制造工具，是人类区别于其他动物的重要标志。

马王堆汉墓出土的帛画《马王堆导引图》中手持长杖的图像虽然只有两幅，却是目前所知先人们运用"杖"导引肢体进行锻炼的最早资料。湖南省博物馆的周世荣先生在《马王堆导引术》一书中对其中一幅图像描述道："作屈身转体运动状，双手持杖，两手左上右下，文字说明为'以丈（杖）通阴阳'。"

近代以来，社会流传有"太极棒（又称太极尺）功法""松柔小棍功"等，都是利用短杖来进行锻炼的。利用"杖"导引肢体标志着导引术的发展进入了一个新阶段，体现了导引和按摩术的结合，是对《黄帝内经·素问·异法方宜论》中"中央者，其地平以湿……其病多痿厥寒热……其治宜导引按跷，故导引按跷者，亦从中央出也"中"导引按跷"融为一体记载的生动再现。

《周易》是中国哲学思想的集中体现之一，其中以图表形式寓意的太极图最为典型。太极图外圆内转的特征，体现了回旋、均衡的运动模式以及人与自然的圆融合一。太极养生杖以"圆"为核心审美特征，"圆"不仅贯穿于肢体和器械活动的始终，还表达出一种丰富的精神内涵，体现了中国古人"天圆地方"的思想观念，表达了古人"以天为法""如天行健"的精神内核。

从《马王堆导引图》可知，使用"杖"进行养生锻炼的历史源远流长。同时，"太极文化"是"天人合一""内外相谐""合和达道"等传统哲学思想的生动体现，是导引这种文化形态存在的理论基础。因此，在继承《马王堆导引图》技术和理念的基础上，按照"以丈（杖）通阴阳"思想，为强调"阴阳"与"太极"的关系，体现阴阳二气是太极的物质基础，太极动而阴阳分、阴阳和合而为太极，产生了"太极养生杖"这一健身功法。

太极养生杖的特点

外导内引

外，不仅指身形姿势、肢体动作，还指持杖手法、行杖方法等一切外在表现；内，不仅指呼吸、意念，还指劲力、意境等所有内在活动。太极养生杖的动作，不管是动静、开合，还是屈伸、进退，都强调意在气先、以意引杖，气起杖动，杖到气至。在杖的上下、左右、前后诸方位的引导中，平心静气，抻拉拧转，精神内守，形神相资。

身械协调

太极养生杖在运动过程中强调以"丹田"为轴心、以"腰"为轴进行拧、转、屈、伸等全方位运动，并通过腰部动作带动脊柱进行运动。练习时要求松腰、松胯，保持身形中正、安舒，做到腰部松、活、灵，以腰的圆转、虚实变化贯穿全身上下，使周身与器械协调统一。如杖向上举，则腰向下松沉，气沉丹田；杖向下落，则竖腰，百会向上虚领；杖划平圆，则腰转如磨盘，以腰带身，以身使臂。这些都体现了以腰为主宰和枢纽，使身体与器械有机地融为一体。

| 功效显著 |

太极养生杖既可以成套地进行练习，也可以针对其中一式或多式的组合进行练习。在太极养生杖的习练过程中，要时刻关注以杖引导肢体进行运动，同时注意突出手腕的卷旋运动、颈椎的屈伸运动和脊柱的旋转运动，并以腰为轴，舒筋调脉，促进全身气血流通，调节人体阴阳平衡，从而达到健身锻炼、改善健康的目的。

贰

为什么练太极养生杖

因

灵活关节

太极养生杖以整体观为指导思想，以阴阳五行学说、脏腑学说、经络学说和精气神学说为理论基础，其动作连绵不断、节节贯穿、虚实相间、动静结合，特别对平时不容易锻炼到的部位进行专门设计；还特别注意对手指、脚趾、腕踝等部位进行锻炼，以加强肢体末端的血液循环。

太极养生杖体现了以杖为手段，引导肢体运动，从而锻炼全身筋骨的特点。在太极养生杖中，运用了卷、旋、翻、摇、搅、滑及摩运、按压等多种用杖技法，这些技法既能丰富功法内容，又能提高习练者的兴趣。

在习练太极养生杖时，杖的运行路线要处处带有弧形，做到不直来直往、不起棱角。同时，既有平圆、立圆运动，又有前后、上下、左右各方位的运动。因此，习练太极养生杖可有效刺激全身关节，使肢体灵活，同时提高反应灵敏性。

柔韧肢体

持杖练功可以更大幅度地抻拉筋骨，经常持杖练习可以提高肌肉、韧带的柔韧性，增强关节的灵活性与稳定性，同时起到强筋壮骨、疏通经络、调和气血的功效。例如，两手持杖带动肩臂运动，可增强肩关节肌肉的柔韧性，加大肩关节的活动范围，发展肩臂力量，提高上肢的运动能力；

两手环握持杖在腹部等进行摩运，可以深入刺激相关脏器，增强健身和健康效用。

太极养生杖锻炼中强调始终保持"松腰"，这有利于提高腰部的柔韧性、灵活性和协调性。拧腰、伸膝、蹬脚的背纤动作，可以有效刺激足三阴、足三阳诸经络；同时又增大了腰椎和髋关节的活动幅度，并使腿部肌群得到充分牵拉。

内外兼修

形，指形体，包括皮肉、筋骨、脏腑等，它是人体生命活动的物质外壳；神，指思维活动，包括精神、意念等，它是人体生命活动的内在主宰。太极养生杖练习强调以意领气、以气运身、以身催力，并将此作为基本锻炼手段，以达到意与气和、气与力和、内外合一、劲力齐整的目的。

太极养生杖继承了传统持"杖"功法的精要，动作柔和缓慢，舒展连绵，动静相间，意气相随，意境优美，好学易练。以杖引导动作，使人更易心静体松、排除杂念，达到三调合一。在习练时，应放松机体，平衡呼吸，安静大脑，从而作用于中枢神经及自主神经系统，缓冲不良情绪对大脑的刺激，降低大脑的应激反应，维持人体内环境的相对稳定。

叁

法

基本功练习

怎么练太极养生杖

功法练习

基本功练习

太极养生杖涉及多种呼吸方法，主要是自然呼吸和腹式呼吸。它的呼吸和动作配合紧密，一般在杖上提时吸气，杖下落时呼气；杖远离身体时吸气，向身体方向回收时呼气；卷杖屈腕时吸气，伸腕时呼气；双臂打开时吸气，双臂合拢时呼气。呼吸需要练习，呼吸力度的大小、通气量的大小都要适中。经过长期的练习，呼吸能达到细而长、深、均匀的程度。

自然呼吸 |

自然呼吸，即自身顺其自然地进行呼吸，呼吸过程中不施加任何人为的干涉，自由地进行呼吸。在太极养生杖功法练习中，一般保持唇齿自然闭合，用鼻呼吸的自然呼吸方式。呼吸的快、慢、长、短，都依据个人身体情况而改变。

腹式呼吸 |

腹式呼吸可人为控制呼吸的深度和时间，通过膈肌和腹肌的运动，使腹部有规律地起伏，从而达到提升肺换气量和改善内脏功能的目的。

腹式呼吸可分为顺腹式呼吸与逆腹式呼吸两种。

顺腹式呼吸：吸气过程中，腹肌扩张，膈肌下降，腹部充盈气体，小腹逐渐鼓起；呼吸过程中，腹肌收紧，膈肌上升，呼出气体。顺腹式呼吸能提升肺的换气量。

逆腹式呼吸：吸气过程中，腹肌收紧，膈肌收缩下降，腹部容积减小；呼气过程中，腹肌放松，膈肌上升，腹腔容积变大。相比顺腹式呼吸，逆腹式呼吸更能影响内脏器官，改善内脏器官功能。

| 手型练习 |

自然握杖，食指伸展贴在杖上。

环握

五指屈曲环绕握杖，拇指自然压在食指的第一个指节上。

夹持

掌心向前夹杖

掌心向下夹杖

双手横向夹杖

手掌自然伸展开，食指、拇指夹杖，虎口贴杖。

托杖

手掌自然伸直，掌心向上托杖。

步型练习

并步

双腿伸直，并拢，脚尖向前；双臂自然垂于身体两侧，左手持杖；头部中正，目视前方。

开步 |

双脚左右分开站立，双脚距离约同肩宽；右臂自然垂于身体两侧，左手持杖；头部中正，目视前方。

弓步 |

双脚前后开立，身体后坐，双脚全脚掌踩地，前腿屈膝，后腿伸直。

高歇步 |

双腿前后交叉，屈膝下蹲，直至后腿的膝部顶在前腿的小腿正中间。

低歇步 |

双腿前后交叉，屈膝全蹲，直至臀部坐在后脚的脚跟上。

卷杖 |

双手握杖，屈曲双腕向内卷杖。

旋杖 |

双手握杖，一只手臂外旋，使掌心向上，夹杖，另一只手配合转动。

滑杖 |

双手握杖，一只手固定杖，另一只手虚握杖滑动。

横向滑杖

斜向滑杖

卷旋 |

双手掌心向上夹杖，杖与身体垂直，近身的手屈腕，双臂内旋，双手从小指到拇指依次握杖，并上下转动杖。

搅杖 |

一只手握杖的一端，掌心向上，然后手臂内旋，向内、向下划弧，变为掌心向下。另一只手握杖配合动作。

摩运 |

双手握杖，按照一定的方向（向上、向下等），使杖贴身按摩运行。

卷杖练习 |

（一）

双手在腹前握杖，双手距离约同肩宽，屈曲双腕向内卷杖。

（二）

一边卷杖，一边提杖至胸部下缘，然后双手伸腕，下放杖，回到初始
姿势。

滑杖练习 |

一

双手在腹前横握杖，左手掌心向下，右手掌心向上，双手距离约同肩宽。

二

右手上提，左手下压，使杖竖直于身前。

三

左手向上滑杖，右手向下滑杖，并向左、向下转杖90°，使杖横放于腹前。此时变为右手掌心向下，左手掌心向上，反复练习。

旋杖练习 |

一

双手在腹部右前方握杖，双手距离约同肩宽。

二

左臂外旋，使左手掌心向上，变为夹杖，右手配合转动。然后左臂内旋，由夹杖变为握杖，回到初始姿势。反复练习。

划平圆练习 |

（一）

双手在腹部右前方握杖，双手距离约同肩宽。

（二）

双手由握杖变为夹杖，同时双腿屈膝下蹲。

（三）

上身左转，双手保持夹杖，向左划圆至腹部左前方；同时双腿伸膝直立。可左右方向交替练习。

划立圆练习 1 |

双脚前后分开站立，双手在髋部右侧握杖，上身稍向右拧转。目视前方。

双臂屈肘，双手向后、向上划杖至头部右上方。

上身向左拧转，双手握杖，向左、向下划杖至髋部左侧。

上身继续向左拧转，双臂屈肘，双手向后、向上划杖至头部左上方。

划立圆练习 2 |

（一）

双脚开立，双手在腹部右前方握杖，双手距离约同肩宽。目视右手。

（二）

保持双臂伸直，向左、向上划圆至头顶上方。目随杖动。

（三）

保持双臂伸直，向左、向下划圆至髋部左前方。目视左手。可左、右方向交替练习。

按摩肩井穴 |

肩井穴位于单侧肩部凹陷的位置。可双手握杖，经头部后方将杖横放在肩上，随着腰部向左、向右拧转,交替按压两侧肩井穴。

肩井穴

按摩大椎穴 |

一

大椎穴

二

大椎穴位于颈部后方。双脚开立,双手握杖,将杖置于颈部后方。

双手由握杖变为夹杖,上下滚动杖,按压大椎穴。

按摩承山穴 |

（一）

（二）

承山穴

承山穴位于小腿后侧的中间位置。
双腿前后交叉站立，双手握杖。

双腿屈膝下蹲，直至后腿的膝部
顶在前腿的承山穴，按压承山穴。

| 意念练习 |

太极养生杖功法的意念，以象形取意为主，即在练功时，自己设想某
种形象或景象，并将自身融入其中，使这种形象或景象对心理产生影
响，进而对生理产生影响，从而起到积极的调节身心的作用。太极养
生杖每一式的名称，本身就很容易将练功者代入意境，如"艄公摇
橹""轻舟缓行""风摆荷叶"等。

功法练习

基本要求

一、保持心平气和，双肩放松，腰腹放松。

二、双腿伸直并拢站立时，保持身体中正挺直。

三、向上卷杖时，杖轻贴腹部。

四、向上卷杖时，屈腕、屈肘；向下摩运时，伸腕，手臂打开。

五、卷杖动作流畅连贯。

一

双脚并拢站立，双肩放松，双臂下垂，左手持杖，持杖位置约在距离杖下端1/3处。收下颌，目视前方。

（二）

双腿屈膝，左脚向左迈一步，脚尖先着地，然后过渡至全脚掌，双腿再自然伸直。双脚距离约同肩宽。

（三）

左手持杖，使杖的下端向右、向上抬起，摆杖至腹前，使杖水平，右手接杖。

（四）

左手向左滑动，双手距离约同肩宽。

双手握杖，双臂向上屈肘、屈腕，轻贴腹部向上卷杖，直至杖与胸部下缘平齐。目视前方。

伸腕，双臂向下打开，使杖轻贴腹部下滑，直至手臂完全伸直。目视前方。

功法提示

功理作用： 凝神静气，为专注练功做好准备。

呼　　吸： 向上卷杖时吸气，向下摩运时呼气。

易犯错误： 卷杖时没有屈腕，杖没有轻贴腹部。

第一式 艄公摇橹

基本要求

一、上步时，向斜前方 45° 方向上步，脚跟着地。

二、向上卷杖至胸部下缘时，伸腕掌心向前。

三、摇杖时，呈弧线轨迹，身体跟随摇杖方向送肩和收肩，动作流畅和谐。

四、弓步的步幅，可根据个人身体状况而定。

（一）

接上式。双腿屈膝，上身左转约 45°。双臂屈肘、屈腕，向上卷杖至胸部下缘。目视左前方。

（二）

重心后移，左脚向左前方约 45° 方向迈一步，脚跟先着地；双肘下沉，双腕外翻，使掌心向外。目视左前方。

重心前移，左脚踩实，顶左膝，右腿伸直，呈左弓步；双手拇指与手
掌夹杖，双肩前送，向前、向上划弧摇杖，约与肩同高，手臂自然打
开，肘部微屈，掌心向前。目随杖动。

双手向前、向下继续划弧摇杖至腹前，约与腰同高，双臂自然打开，
掌心向下。目随杖动。

（五）

重心后移，左腿伸直，左脚尖抬起，右腿屈膝；同时双手夹杖，继续
向下、向后划弧摇杖至髋部前方，然后双手由夹杖变为握杖。身体右
转 45° 回正。目视前方。

（六）

左脚贴向右脚，双腿屈膝；同时双臂向上屈肘、屈腕，轻贴腹部向上
卷杖，直至杖与胸部下缘平齐。目视前方。

保持双腿屈膝；双肘下沉，双腕外翻，使掌心向外。

双腿伸直；双手拇指与手掌夹杖，双肩前送，向前、向上划弧摇杖，约同肩高，手臂自然打开，肘部微屈，掌心向前。目随杖动。

双手向前、向下划弧摇杖至髋部前方。目视前方。

双腿屈膝，上身右转约 45°。双臂屈肘、屈腕，向上卷杖至胸部下缘。目视右前方。

重心后移，右脚向右前方约 45° 方向迈一步，脚跟先着地；双肘下沉，双腕外翻，使掌心向外。目视右前方。

十二

重心前移，右脚踩实，顶右膝，左腿伸直，呈右弓步；双手拇指与手掌夹杖，双肩前送，向前、向上划弧摇杖，约与肩同高，手臂自然打开，肘部微屈，掌心向前。目随杖动。

十三

双手向前、向下继续划弧摇杖至腹前，约与腰同高，双臂自然打开，掌心向下。目随杖动。

（十四）

重心后移，右腿伸直，右脚尖抬起，左腿屈膝；同时双手夹杖，继续向下、向后划弧摇杖至髋部前方，然后双手由夹杖变为握杖。身体左转 45°回正。目视前方。

（十五）

右脚贴向左脚，双腿屈膝；同时双臂向上屈肘、屈腕，轻贴腹部向上卷杖，直至杖与胸部下缘平齐。目视前方。

（十六）

保持双腿屈膝；双肘下沉，双腕外翻，使掌心向外。

双腿伸直；双手拇指与手掌夹杖，
双肩前送，向前、向上划弧摇杖，
约同肩高，手臂自然打开，肘部微
屈，掌心向前。目随杖动。

双手向前、向下划弧摇杖至髋
部前方。目视前方。

功法提示	**功理作用：** 腕部的屈伸动作，可刺激腕部神经和肌肉，缓解腕部疲劳；摇杖时呼吸深长，可改善呼吸系统功能。
	呼　　吸： 杖上提时吸气，杖下落时呼气；杖远离身体时吸气，向身体方向回收时呼气；卷杖屈腕时吸气，伸腕时呼气；摇杖时，气息深长。
	易犯错误： 卷杖时没有屈腕；摇杖时没有送肩、收肩，摇杖动作僵硬。

第二式 轻舟缓行

基本要求

一、杖划向头侧时，双肩放松，一只手握杖，另一只手掌心向上贴杖旋腕180°后握杖。

二、杖从身体一侧划向另一侧时，腰部跟随扭转，重心跟随转移，起杖时吸气，落杖时呼气。

三、撑杖时，感受力量沿杖向下传递。

四、上步、退步时，初学者双脚可适当保持一些间距，待熟练掌握技能后，双脚的内侧要在一条直线上。

（一）

接上式。双手水平握杖，上身右转约45°，屈双膝。目视前方。

（二）

左脚向前迈一步，脚跟着地；同时双臂屈肘上抬，使杖位于头部右侧，约与头顶齐高。目视前方。

（三）

保持身体其他部位不动，右手变掌，指尖朝左托杖，掌心斜向上。

（四）

右腕外旋划半圆，使右手从杖的一侧滑转到另一侧，指尖朝右托杖，掌心斜向上。

（五）

保持身体其他部位不动，右手屈指环握杖。

（六）

重心前移，左脚踩实，上身左转回正；同时双手握杖，向前、向左、向下划弧，如同撑船，使杖从身体右上方划向身体左下方。目视前方，余光视杖。

（七）

双腿伸直，重心继续前移；双手握杖，向左、向下、向后划弧，如同撑船，使杖划向身体左后方。

（八）

重心后移，右腿屈膝，左腿伸直，上身左转约 45°；双手握杖，向后、向上举起，使杖位于头部左侧，约与头顶齐高。目视前方。

（九）

保持身体其他部位不动，右手变掌托杖，指尖朝左，掌心斜向上。

（十）

右腕内旋划半圆，使右手从杖的一侧滑转到另一侧，指尖朝右托杖，掌心斜向上。

十一

保持身体其他部位不动，右手屈指环握杖。

十二

重心后移，左脚向右后方撤一步，脚尖着地，上身向右拧转回正；同时双手握杖，向前、向右、向下划弧，如同撑船，使杖从身体左上方划向身体右下方。目视前方，余光视杖。

重心后移，左腿屈膝，左脚踩实，右腿伸直，右脚脚尖抬起；双手握杖，向右、向下、向后划弧，如同撑船，使杖划向身体右后方。

重心前移，右腿屈膝，右脚脚尖落地，左腿伸直，上身向右拧转约45°；双手握杖，向后、向上举起，使杖位于头部右侧，约与头顶齐高。目视前方。

左脚向前并向右脚，双腿并拢屈膝，上身向左拧转回正；同时双手握杖，向前、向左、向下划弧，如同撑船，使杖从身体右上方划向身体左下方。目视前方，余光视杖。

双腿伸膝直立，上身左转约45°；同时双手握杖，向左、向下、向后划弧，如同撑船，使杖划向身体左后方。目视前下方。

双腿屈膝，右脚向右前方迈一步，脚跟着地，右腿伸直；同时双手握杖，向后、向上举起，使杖位于头部左侧，约与头顶齐高。目视前方。

保持身体其他部位不动，左手变掌，指尖朝右托杖，掌心斜向上。

左腕外旋划半圆，使左手从杖的一侧滑转到另一侧，指尖朝左托杖，掌心斜向上。

保持身体其他部位不动，左手屈指环握杖。

重心前移，右脚踩实，上身右转回正；双手握杖，向前、向右、向下划弧，如同撑船，使杖从身体左上方划向身体右下方。目视前方，余光视杖。

双腿伸直，左脚跟离地，重心继续前移；双手握杖，向右、向下、向后划弧，如同撑船，使杖划向身体右后方。

重心后移，左脚跟下落，左腿屈膝，右腿伸直。

上身右转约 45°；同时双手握杖，向后、向上举起，使杖位于头部右侧，约与头顶齐高。目视前方。

三十五

保持身体其他部位不动，左手变掌，指尖朝右托杖，掌心斜向上。

三十六

左腕内旋划半圆，使左手从杖的一侧滑转到另一侧，指尖朝左托杖，掌心斜向上。

保持身体其他部位不动，左手屈指环握杖。

重心后移，右脚向左后方撤一步，脚尖着地，上身左转回正；双手握

杖，向前、向左、向下划弧，如同撑船，使杖从身体右上方划向身体

左下方。目视前方，余光视杖。

重心后移，右腿屈膝，右脚踩实，左腿伸直，左脚脚尖抬起；双手握
杖，向左、向下、向后划弧，如同撑船，使杖划向身体左后方。

重心前移，左腿屈膝，左脚脚尖落地，右腿伸直，上身左转约 45°；
双手握杖，向后、向上举起，使杖位于头部左侧，约与头顶齐高。目
视前方。

右脚向前并向左脚,双腿并拢屈膝,上身右转回正;同时双手握杖,向前、向右、向下划弧,如同撑船,使杖从身体左上方划向身体右下方。目视前方,余光视杖。

双腿伸膝直立;同时双手握杖,向右、向下、向后划弧,如同撑船,使杖划向身体右后方。目视前方。

<table>
<tr><td rowspan="3">功法提示</td><td>功理作用:</td><td>上步、退步时,下肢和腰部要维持身体重心平稳,可提升身体稳定性;杖在身体两侧交换划动,可充分活动肩关节和腰部,提升脊柱灵活性,缓解肩颈部位和腰部的不适;同时,左右交替划动可刺激内脏并舒展身体,改善内脏功能,尤其是消化系统功能。</td></tr>
</table>

功理作用: 上步、退步时,下肢和腰部要维持身体重心平稳,可提升身体稳定性;杖在身体两侧交换划动,可充分活动肩关节和腰部,提升脊柱灵活性,缓解肩颈部位和腰部的不适;同时,左右交替划动可刺激内脏并舒展身体,改善内脏功能,尤其是消化系统功能。

呼　吸: 杖上提时吸气,杖下落时呼气。

易犯错误: 上步、退步划杖时,动作僵硬重心不稳定;划杖至头部一侧时,旋腕动作不熟练。

第三式 风摆荷叶

基本要求

一、横杖在身前划圆时，水平划圆，手臂与躯干的夹角约为
45°，肩部放松，同时转腰。

二、双手握杖、夹杖、卷腕、旋腕等动作较多，练习时需多
加留意。

三、侧屈时双脚距离可宽一些，双脚距离和侧屈幅度可根据
个人身体情况而定。

（一）

接上式。双腿屈膝，左脚向左迈一步，
双脚距离约同肩宽，上身稍右转；同
时双手握杖，上抬至与腰同高，双臂
微屈。目视前下方，余光视杖。

（二）

双手手指伸展，拇指、手掌
夹杖。

保持双腿屈膝状态，上身左转；同时双手夹杖，随同腰部的转动从右
向左水平划弧，直至身体正面朝向左前方 45°。目随杖动。

双腿伸直；屈腕卷杖，双手向下、向后划弧摇杖至杖贴于腹部左前方，
边划弧，边变夹杖为握杖。

国术健身：太极养生杖

（五）

上身右转约 45°；同时双手握杖，贴腹向右侧腹部摩运，右手向右上方引杖，右手约同肩高，掌心向后，左手位于右肋附近。目视右侧杖端方向。

（六）

上身左转；同时左手向右、向上划弧，右手向左、向下划弧。

上身继续左转回正；同时左手继续向右、向上划弧，右手继续向左、向下划弧，双臂交错于胸前，右臂在上，左臂在下。目视前方。

双腿稍伸膝，上身左倾；右臂向上引杖，大臂贴向右耳，左臂向左水平划弧。

（九）

双腿伸直，左臂继续水平向左、向后划弧，直至左臂伸展开，约同腰高，右臂向左伸展，杖斜向竖起；上身左倾，使身体右侧充分伸展。下颌抬起，目视杖的中部。

（十）

双手变握杖为夹杖，动作稍作停顿。

十一

身体回正；同时双手夹杖，举向头顶，双臂伸展。下颌抬起，目视杖的中部。

十二

双臂屈肘，双手夹杖，使杖下落至胸前，贴向胸部下缘。目视前方。

十三

屈双膝；双手夹杖，从胸部下缘向下摩运至腹前。目视前方。

国术健身：太极养生杖

十四

双腿伸膝直立，左脚并向右脚；双手握杖继续向下摩运至髋部前方，手臂下垂，掌心向后。目视前方。

十五

双腿屈膝，右脚向右迈一步，双脚距离约同肩宽，上身稍左转；同时双手握杖，上抬至与腰同高，双臂微屈。目视前下方，余光视杖。

十六

双手手指伸展，拇指、手掌夹杖。

保持双腿屈膝状态，上身右转；同时双手夹杖，随同腰部的转动从左向右水平划弧，直至身体正面朝向右前方 45°。目随杖动。

双腿伸直；屈腕卷杖，双手向下、向后划弧摇杖至杖贴于腹部右前方，边划弧，边变夹杖为握杖。

上身左转约 45°；同时双手握杖，贴腹向左侧腹部摩运，左手向左上方引杖，左手约同肩高，掌心向后，右手位于左肋附近。目视右侧杖端方向。

上身右转；同时右手向左、向上划弧，左手向右、向下划弧。

上身继续右转回正；同时右手继续向左、向上划弧，左手继续向右、向下划弧，双臂交错于胸前，左臂在上，右臂在下。目视前方。

双腿稍伸膝，上身右倾；左臂向上引杖，大臂贴向左耳，右臂向右水平划弧。

双腿伸直，右臂继续水平向右、向后划弧，直至右臂伸展开，约同腰高，左臂向右伸展，杖斜向竖起；上身右倾，使身体左侧充分伸展。下颌抬起，目视杖的中部。

双手变握杖为夹杖，动作稍作停顿。

身体回正；同时双手夹杖，举向头顶，双臂伸展。下颌抬起，目视杖的中部。

双臂屈肘，双手夹杖，使杖下落至胸前，贴向胸部下缘。目视前方。

屈双膝；双手夹杖，从胸部下缘
向下摩运至腹前。目视前方。

双腿伸膝直立，右脚并向左脚；
双手持杖继续向下摩运至髋部前
方，手臂下垂，掌心向后。目视
前方。

<table>
<tr><td rowspan="3">功
法
提
示</td><td>**功理作用：**身体的侧屈、伸展可提升脊柱灵活性，纠正与脊柱相关的不良
体态，增强脊柱周围肌肉力量，使周身舒展，加速血液循环。</td></tr>
<tr><td>**呼　　吸：**杖上提时吸气，杖下落时呼气；杖远离身体时吸气，向身体方
向回收时呼气；卷杖屈腕时吸气，伸腕时呼气。</td></tr>
<tr><td>**易犯错误：**环握、夹杖等手法变换混乱，身体侧屈不充分。</td></tr>
</table>

第四式 船夫背纤

基本要求

一、经头部后方转杖时，杖在肩部从一侧向另一侧摩运，杖不离肩。

二、背纤动作中，后腿蹬伸，上身前倾，上身与后腿成一条直线。杖水平，并用杖向下按压肩部。

三、拧腰背纤时，用腰部的力量带动肩部转杖。

四、转杖动作中，弓步可跨大步，拧腰幅度可大一些，可根据个人身体情况而定。

（一）

（二）

接上式。上身左转约45°，右腿屈膝，左脚向左迈一步，脚跟先着地。目视左侧。

重心左移，左腿向左屈膝，右腿伸展，呈左弓步；左手握杖向左、向上抬，引领右手握杖向左、向上划弧。目视左侧，余光视杖。

左臂屈肘，左手滑向杖端，继续向后、向上摆，带动右手握杖继续向左、向上划弧。

左臂向后屈肘，左手握杖向后、向下摆至左侧腋下位置，右手握杖继续向左、向上划弧至身前，右手约同肩高。目视右杖端。

左手握杖，由腋下沿左肋向下摩运至左侧腰间。目视右杖端。

右脚以脚尖为轴,脚跟向内拧转,脚尖朝前,上身右转;同时左手握杖，向前、向下划弧至左膝外侧，右手边滑至杖端，边向上、向后划弧，绕过头顶，置于头部后上方。目视左下方。

七

上身右转回正，左腿蹬伸，左脚以脚跟为轴，脚尖向右拧转，双脚平行;同时右手握杖，向右、向下划弧，左手握杖向左、向上划弧。

（八）

右手握杖继续向右、向下划弧，左手握杖继续向左、向上划弧，杖沿肩部向右摩运，直至双手约与肩平，杖水平，杖的中部压在肩部中间。目视前方。

（九）

右脚脚尖抬起，以脚跟为轴，向右拧转约90°，左腿屈膝；同时右手向右、向下引杖，带动杖在肩上向右摩运，左手握杖向上、向右划。目视右杖端。

（十）

右脚脚尖落下，右腿屈膝，上身向右、向后拧转；右手向后、向下引杖，带动左手向右、向上划弧，杖贴肩部摩运。目随右杖端转动。

（十一）

上身继续向右、向后拧转，重心右移，左腿蹬伸，脚跟不离地，呈右弓步；右手向后、向上引杖，左手握杖，向前、向下划弧，杖贴肩部摩运，直至杖约水平。目视右杖端。

动作稍停顿，然后左手向右、向上、向前引杖，使杖举过头顶。

左手握杖端，经右肩、右胸继续向下引杖至右腹前，右手握杖上划至头顶右上方。

上身左转回正，重心左移，右脚以脚跟为轴，脚尖向左拧转约90°，双脚平行；右手握杖向左、向前、向下划弧，直至右臂约水平，左手握杖向左摆。目随右手动。

重心继续左移，上身左转，右腿伸展；同时右手握杖向下、向左划弧至腹部右前方，左手向左、向上摆，且左手松握杖，使杖水平向左推出，左手位于杖端约1/3处。目视左杖端。

右手向左滑至位于右杖端约1/3处。目视左杖端。

十七

重心右移，右腿屈膝，左腿伸展；双手握杖，向右、向上划弧至头顶上方，掌心向前。仰头，目视杖中部。

左脚收向右脚，双腿屈膝；双手由握杖变为夹杖。目视杖中部。

双手夹杖垂直下落至胸前，与胸部下缘同高，屈腕。

双腿伸膝直立；双手变夹杖为握杖，由胸部下缘向下摩运至髋部前方，手臂下垂，掌心向后。目视前方。

上身右转约 45°，左腿屈膝，右脚向右迈一步，脚跟先着地。目视右侧。

重心右移，右腿向右屈膝，左腿伸展，呈右弓步；右手握杖向右、向上抬，引领左手握杖向右、向上划弧。目视右侧，余光视杖。

右臂屈肘，右手滑向杖端，继续向后、向上摆，带动左手握杖继续向右、向上划弧。

右臂向后屈肘，右手握杖向后、向下摆至右侧腋下位置，左手握杖继续向右、向上划弧至身前，左手约同肩高。目视左杖端。

三十五

右手握杖，由腋下沿右肋向下摩运至右侧腰间。目视左杖端。

三十六

左脚以脚尖为轴，脚跟向内拧转，脚尖朝前，上身左转；同时右手握杖，向前、向下划弧至右膝外侧，左手边滑至杖端，边向上、向后划弧，绕过头顶，置于头部后上方。目视右下方。

上身左转回正，右腿蹬伸，右脚以脚跟为轴，脚尖向左拧转，双脚平行；同时左手握杖，向左、向下划弧，右手握杖，向右、向上划弧。

左手握杖继续向左、向下划弧，右手握杖继续向右、向上划弧，杖沿肩部向左摩运，直至双手约与肩平，杖水平，杖的中部压在肩部中间。目视前方。

左脚脚尖抬起，以脚跟为轴，向左拧转约 90°，右腿屈膝；同时左手向左、向下引杖，带动杖在肩上向左摩运，右手握杖向上、向左划。目视左杖端。

三十

左脚脚尖落下，左腿屈膝，上身向左、向后拧转；左手向后、向下引杖，带动右手向左、向上划弧，杖贴肩部摩运。目随左杖端转动。

上身继续向左、向后拧转，重心左移，右腿蹬伸，脚跟不离地，呈左弓步；左手向后、向上引杖，右手握杖，向前、向下划弧，杖贴肩部摩运，直至杖约水平。目视左杖端。

动作稍停顿，然后右手向左、向上、向前引杖，使杖举过头顶。

右手握杖端，经左肩、左胸继续向下引杖至左腹前，左手握杖上划至头顶左上方。

上身右转，重心右移，右脚以脚跟为轴，脚尖向左拧转约 90°，双脚平行，左腿伸展；右手向右引杖，且右手松握杖，使杖水平向右推出，右手位于杖端约 1/3 处，左手握杖向右、向下、再向左划弧至腹部左前方。目视右杖端。

左手向右滑至位于左杖端约 1/3 处。目视右杖端。

重心左移，左腿屈膝，右腿伸展；双手握杖，向左、向上划弧至头顶上方，掌心向前。仰头，目视杖中部。

右脚收向左脚，双腿屈膝；双手由握杖变为夹杖。目视杖中部。

双手夹杖垂直下落至胸前，与胸部下缘同高，屈腕，变夹杖为握杖。

双腿伸膝直立；双手握杖，由胸部下缘向下摩运至髋部前方，手臂下垂，掌心向后。目视前方。

功法提示		
功理作用：	颈椎的旋转可刺激颈椎周围肌肉，提升颈椎灵活性，缓解和预防肩颈部位的疾病；腰部的转动可充分活动腰椎，提升腰椎灵活性，缓解和预防腰椎疾病；用杖按压肩部，可刺激肩部肌肉和软组织，缓解肩部不适。	
呼　吸：	杖上提时吸气，杖下落时呼气；杖远离身体时吸气，向身体方向回收时呼气；卷杖屈腕时吸气，伸腕时呼气。	
易犯错误：	转杖时，重心不稳，或压肩力度太大，或者杖没有保持贴肩；上下肢动作不协调。	

第五式 神针定海

基本要求

一、滑杖、举杖、卷杖等动作较多，需多加练习。

二、举杖、落杖时，肩部保持放松，双臂呈弧形。

三、呼吸配合要协调，最终做到呼吸细匀而深长。

（一）

接上式。上身右转，双腿屈膝，左腿向左迈一步，双脚距离约同肩宽，双脚脚尖向前；同时右腕外旋，翻转手心向上托杖。目视右手。

（二）

重心左移；双手握杖，向左、向上划弧。目视左杖端。

㈢

双腿逐渐伸直，双手由握杖变为夹杖，向左、向上划半圆举至头顶上方。目随杖动。

㈣

双腿屈膝；双手夹杖向右、向下划弧至腰部右侧，杖与腰等高，右手掌心向上，左手掌心向下。目随杖动。

上身右转，双腿逐渐伸直；双手由夹杖变为握杖，右手握杖向前、向下划杖，左手握杖向后、向上划至右胸前方。目视右下方。

双手由握杖变为夹杖，掌心均向上。

（七）

上身左转约 45°，左脚以脚跟为轴，脚尖左转约 90°；同时双手夹杖，弧形向左摆杖。目随杖动。

（八）

上身继续左转约 45°，左腿屈膝，右腿蹬伸，呈左弓步，右脚以前脚掌为轴，脚跟右转约 90°；双手夹杖继续向左摆杖至身前正中位置，双臂打开，肘部微屈，左手约同肩高。目视左手。

右脚向左迈一步，与左脚平行站立，脚尖均朝前，双腿屈膝。

左腕外旋，右腕内旋，在身前卷杖，杖的上端向后、向下划弧，杖的下端向前、向上划弧。目视前下方。

十一

继续卷杖，双手握杖，杖的上端划至身前，杖的下端水平朝向身体正
前方。目视前方，余光视杖。

十二

十三

继续卷杖，使杖竖立于身前，右
手约同肩高。目视前方。

右手上移，约同眼高。目视前方。

左手虚握杖，右手握杖下落，与左手上下相叠，右手约同肩高。目视前方。

双腿伸膝直立；左手下落于身体左侧，右手食指贴杖向下用力，其余手指握杖，使杖的下端向后、向上划至右臂后方，贴右臂后侧，杖的上端向前、向下划至右腿右侧。目视前方。

左臂外旋，同时向左前方 45°方向抬起，掌心向上。目视左手。

左臂向头部前方屈肘，手同额高，掌心向下。目视前方。

十八

双腿屈膝；左手从头部前方向下按至腹前。目视前方。

右脚向后撤一步，脚尖着地；右手握杖摆向腹前，左手在腹前接杖，掌心向上。目视身前下方。

上身右转回正，右脚脚跟向左后方落地，左脚以脚跟为轴，脚尖向右转约90°，双脚脚尖向前，双腿屈膝；右手向右划杖，约位于右杖端1/3处，双臂微屈，杖水平，同髋高。目随杖动。

重心右移；双手夹杖，向右、向上划弧。目视右杖端。

双腿逐渐伸直，双手由握杖变为夹杖，向右、向上划半圆举至头顶上

方。目随杖动。

双腿屈膝；双手夹杖，向左、向下划弧至腰部左侧，杖与腰等高，左手掌心向上，右手掌心向下。目随杖动。

上身左转，双腿逐渐伸直；双手由夹杖变握杖，左手握杖向前、向下划杖，右手握杖向后、向上划至左胸前方。目视左下方。

双手由握杖变为夹杖，掌心均向上。

上身右转约45°，右脚以脚跟为轴，脚尖右转约90°；同时双手夹杖，弧形向右摆杖。目随杖动。

上身继续右转约45°，右腿屈膝，左腿蹬伸，呈右弓步，左脚以前脚掌为轴，脚跟右转约90°；双手夹杖继续向左摆杖至身前正中位置，双臂打开，肘部微屈，右手约同肩高。目视右手。

左脚向右迈一步，与右脚平行站立，脚尖均朝前，双腿屈膝。

右腕外旋，左腕内旋，在身前卷杖，杖的上端向后、向下划弧，杖的下端向前、向上划弧。目视前下方。

三十

继续卷杖，双手握杖，杖的上端划至身前，杖的下端水平朝向身体正前方。目视前方，余光视杖。

继续卷杖，使杖竖立于身前，左手约同肩高。目视前方。

左手上移，约同眼高。目视前方。

右手虚握杖，左手握杖下落，与右手上下相叠，左手约同肩高。目视前方。

双腿伸膝直立；右手下落于身体右侧，左手食指贴杖向下用力，其余手指握杖，使杖的下端向后、向上划至左臂后方，贴左臂后侧，杖的上端向前、向下划至左腿左侧。目视前方。

右臂外旋，同时向右前方 45°方向抬起，掌心向上。目视右手。

国术健身／太极养生杖

右臂向头部方向屈肘，手同额高，掌心向下。目视前方。

双腿屈膝；右手从头部前方向下按至腹前。目视前方。

功法提示

功理作用：腕部与双手动作可提升双腕、双手的灵活性，刺激末梢神经，加速血液循环，缓解腕部疲劳。

呼　　吸：杖上提时吸气，杖下落时呼气；杖远离身体时吸气，向身体方向回收时呼气。

易犯错误：滑杖、举杖、卷杖等动作易混淆；举杖动作中，双臂僵硬。

第六式 金龙绞尾

基本要求

一、向前引杖和向后退步动作同时进行。

二、搅杖时双腕配合外旋和内旋。

三、转杖时双肩放松，手臂伸展。

四、滑杖时双肩放松，杖保持贴身，手不离杖。

五、歇步的高低，应根据个人身体状况而定。

一

二

接上式。右脚内扣，上身左转回正，左手握杖向前、向上摆向腹前，右手在腹前接杖，掌心向下。目视右下方。

左脚向左后方退一步，脚尖着地，左腿伸展，呈右弓步；右手握杖，向右前方 45° 方向引杖，左手向后滑杖，距离杖端约 1/3 处。目视右杖端。

上身左转，左脚脚掌蹍转，左脚脚跟落地，双腿屈膝；右手向前、向上引杖，使杖竖起，左手位于右胸前方。目视左前方。

上身继续左转，左腿屈膝，右腿蹬伸，右脚以前脚掌为轴，脚跟向右后方蹍转，呈左弓步；右手向左、向下摆杖，右手约同肩高，左手向后、向上摆杖，左手位于右腋下方。目视身前杖端方向。

左手向前滑杖，右手向后滑杖，双手不离杖，保持杖一直贴身。

（六）

重心后移，右腿屈膝，左腿伸膝；同时双手继续滑杖，左手滑至上端稍高于肩，右手划至右侧腰间，位于距杖尾约 1/3 处。目视左前方。

（七）

左脚向右后退一步，插向右脚的右后方，脚尖着地。目视左前方。

（八）

双腿屈膝，呈高歇步，左膝抵按右腿后侧承山穴；上身稍右转。目视前方。动作稍停顿。

双腿屈膝下蹲至全蹲状态，变为低歇步，上身右转；右手虚握杖，上滑至距杖端1/3处，左手握杖端，向右前下方引杖，直至杖端触地，右手掌心向下，左手掌心向上；目视右杖端。

双肩放松，双手向下、向左搅杖。

继续保持双肩放松，双手向右、向下搅杖。

十二

双腿伸膝起立，左脚向左迈一步，脚尖朝前着地；双手水平握杖。目视右杖端。

十三

右手向右侧滑杖至距离杖端约1/3处。目视前方。

十四

右脚并向左脚，双腿伸直并拢；左手沿杖向右滑至距离杖端1/3处，双手握杖垂于体前。目视前方。

（十五）

右脚向右后方退一步，脚尖着地，右腿伸展，左腿屈膝，为左弓步；左手握杖，向左前方45°方向引杖，右手向后滑杖，距离杖端约1/3处。目视左杖端。

（十六）

上身右转，右脚脚掌蹍转，右脚脚跟落地，双腿屈膝；左手向前、向上引杖，使杖竖起，右手位于左胸前方。目视左前方。

上身继续右转，右腿屈膝，左腿蹬伸，左脚以前脚掌为轴，脚跟向左后方蹬转，呈右弓步；左手向右、向下摆杖，左手约同肩高，右手向后、向上摆杖，右手位于左腋下方。目视身前杖端方向。

右手向前滑杖，左手向后滑杖，双手不离杖，保持杖一直贴身。

（十九）

重心后移，左腿屈膝，右腿伸膝；同时双手继续滑杖，右手滑至上端稍高于肩，左手划至左侧腰间，位于距杖尾约 1/3 处。目视右前方。

（二十）

右脚向左、向后退一步，插向左脚的左后方，脚尖着地。目视右前方。

双腿屈膝，呈高歇步，右膝抵按左腿后侧承山穴；上身稍左转。目视前方。动作稍停顿。

双腿屈膝下蹲至全蹲状态，变为低歇步，上身左转；左手虚握杖，上滑至距杖端1/3处，右手握杖端，向左前下方引杖，直至杖端触地，右手掌心向上，左手掌心向下；目视左杖端。

双肩放松，双手向下、向右搅杖。

继续保持双肩放松，双手向左、向下搅杖。

三十五

双腿伸膝起立，右脚向右迈一步，脚尖朝前着地；双手水平握杖。目视左杖端。

左手向左侧滑杖至距离杖端约
1/3 处。目视前方。

左脚并向右脚，双腿伸直并拢；右
手沿杖左滑至距离杖端 1/3 处，双
手握杖垂于体前。目视前方。

功法提示

功理作用： 转腰动作，可充分活动腰椎，提升腰椎灵活性，刺激腰椎周围
肌肉，增强腰部力量；歇步下蹲时，可充分挤压刺激内脏，提
升内脏功能，尤其是泌尿系统功能，同时还有助于提升身体平
衡能力。

呼　　吸： 向上撬杖时吸气，向下压杖时呼气；起身开步时吸气，双脚并
拢时呼气。

易犯错误： 做歇步时重心不稳；滑杖时杖离身或手离杖；撬杖动作僵硬，
没有转腕。

第七式 探海寻宝

基本要求

一、在身前举杖至与肩同高时，将杖收向胸前，贴胸向下摩运至双脚。

二、上身前俯，转体举杖时，双手在杖上的位置保持固定不动。

三、向前俯身时，双腿伸直，同时抬头、塌腰，保持动作片刻。

四、上身前俯的幅度及转体的幅度，应根据个人身体情况而定，注意保持呼吸畅通，不要憋气。

一

二

接上式。左脚向左迈一步，双脚距离约同肩宽；双手握杖前举，掌心向下，杖约与肩平。目视前方。

双肘下沉，双腕外翻，使掌心向前。

双手握杖收向身前，使杖贴胸部下缘。

双手向前、向下屈腕卷杖，掌心向后。

双手握杖，从胸部下缘向下摩运，经腹部、腿部，一直向下摩运至双脚，上身跟随前倾。目随杖动。

双腿稍屈膝。

（七）

双腿伸膝，重心左移，上身左转，双手向左、向上举杖，杖垂直，右手位于左肩处。目随杖动，最后看向杖的上端。

（八）

双腿屈膝，上身右转，正对前下方；同时双手握杖向右、向下摆至双脚前方，杖水平，双臂下垂。目随杖动，看向杖中部。

头部抬起，腰部下塌，两膝伸直，目视前方。动作停留片刻。

双腿稍伸膝，上身稍抬起；双手握杖沿小腿向上摩运。

双腿稍伸膝，同时双手握杖继续向上摩运至双膝位置。

双腿伸膝，上体直立，重心右移；同时双手握杖继续向上摩运，屈肘、屈腕卷杖，摩运至胸部下缘。目视前方。

左脚并向右脚；双手握杖向下摩运至腹前。目视前方。

右脚向右迈一步，双脚距离约同肩宽；双手握杖前举，掌心向下，杖约与肩平。目视前方。

双肘下沉，双腕外翻，使掌心向前。

双手握杖收向身前，使杖贴胸部下缘。

双手向前、向下屈腕卷杖，掌心向后。

十八

双手握杖，从胸部下缘向下摩运，
经腹部、腿部，一直向下摩运至
双脚，上身跟随前倾。目随杖动。

十九

双腿稍屈膝。

双腿伸膝，重心右移，上身右转，双手向右、向上举杖，杖垂直，左手位于右肩处。目随杖动，最后看向杖的上端。

双腿屈膝，上身左转，正对前下方；同时双手握杖向左、向下摆至双脚前方，杖水平，双臂下垂。目随杖动，看向杖中部。

头部抬起，腰部下塌，两膝伸直，目视前方。动作停留片刻。

双腿稍伸膝，上身稍抬起；双手握杖沿小腿向上摩运。

双腿稍伸膝，同时双手握杖继续向上摩运至双膝位置。

双腿伸膝，上体直立，重心左移；同时双手握杖继续向上摩运，屈肘、屈腕卷杖，摩运至胸部下缘。目视前方。

右脚并向左脚，双腿屈膝并拢。

双腿伸膝直立；双手握杖向下摩运至髋前。目视前方。

功法提示	功理作用：俯身动作和转杖动作可充分活动腰椎，提升腰椎灵活性，刺激腰椎周围肌肉，增强腰部力量；俯身动作可促进头部血液循环，增加脑部供氧；俯身时保持双腿伸直，可拉伸背部和大腿后侧肌肉，缓解腰背部肌肉疲劳，提升下肢柔韧性。
	呼　　吸：杖上提时吸气，杖下落时呼气；杖远离身体时吸气，向身体方向回收时呼气；卷杖屈腕时吸气，伸腕时呼气。
	易犯错误：俯身或转体时憋气；俯身时没有抬头；转体举杖时，双手在杖上滑动。

第八式 气归丹田

> **基本要求**　双手在身前合抱时，距离腹部约 10 厘米。

（一）

接上式。左手手指伸开，掌心向下，掌心贴杖。目视前方。

（二）

保持身体其他部位不动，左腕外旋。

保持身体其他部位不动，左腕继续外旋，绕至杖下方，夹杖，掌心向上。

左手夹杖，右手松杖，使杖竖立于身体左侧，右手自然垂于身体右侧。目视前方。

保持身体其他部位不动，左脚向左迈一步，双脚距离约同肩宽。

双臂向两侧打开，掌心相对。

双腿屈膝；双手向腹前合抱，掌心向内，然后双手向内收拢，落于丹田处。

双腿伸膝直立；双臂自然垂落于体侧。目视前方。

功法提示	**功理作用：** 从练功状态进入平时状态，心神归于平静。
	呼　　吸： 双臂打开时吸气，双臂合拢时呼气。
	易犯错误： 由双手握杖变为单手夹杖时，没有旋腕，动作过于随意。

收势

<table>
<tr><td rowspan="3">基本要求</td><td>一、保持心平气和，双肩放松，腰腹放松。</td></tr>
<tr><td>二、双腿伸直并拢站立时，保持身体中正挺直。</td></tr>
<tr><td>三、呼吸深长、匀细。</td></tr>
</table>

接上式。左脚收向右脚，自然站立，肩部放松。目视前方。健身气功太极养生杖套路演示完毕。

<table>
<tr><td rowspan="3">功法提示</td><td>**功理作用**：从练功状态进入平时状态，心神归于平静。</td></tr>
<tr><td>**呼　　吸**：腹式呼吸。</td></tr>
<tr><td>**易犯错误**：收步速度太快。</td></tr>
</table>